LE

JOURNAL DE QUÉBEC

ET LE

TOMBEAU DE CHAMPLAIN

PAR

STANISLAS DRAPEAU

———— ❖ ————

QUÉBEC

IMPRIMÉ AU BUREAU DU «CANADIEN»

21, RUE LA MONTAGNE, BASSE-VILLE

1867

AU LECTEUR.

—

Dans les lignes qui vont suivre, je ne me propose pas uniquement d'apporter de nouvelles preuves à l'appui de ce que j'ai déjà écrit au sujet de la découverte du tombeau de Champlain,—pour la bonne raison que l'opinion des hommes éclairés auxquels je m'adresse est toute formée aujourd'hui, et qu'elle est généralement en ma faveur; je désire aussi avoir un entretien de quelques minutes, d'abord avec M. Cauchon, rédacteur du *Journal de Québec*, qui a publié contre moi, ces jours derniers, une multitude de calomnies et de grossièretés; ensuite avec M. O'Donnell et MM. les abbés Laverdière et Casgrain, qu'il a pris sous sa bienveillante protection.

Bien que M. le Rédacteur du *Journal de Québec* ait cru prévenir de justes représailles en réclamant bien haut, pour lui seul, la paternité de la kyrielle d'injures qui ont été débitées sur mon compte, je l'invite à croire, cependant, que je n'ajoute à ses dires que juste le degré de foi nécessaire. Pour qui connaît un peu, en effet, la manière d'écrire de mon nouvel adversaire, il n'y a aucun doute que, des quatre articles qui me concernent, deux seulement ont pour auteur M. Cauchon : si mon très-aimable antagoniste a mis la main à la rédaction des deux autres, ça n'a dû être que pour les émailler des révoltantes trivialités dont ils sont enrichis.

Quoi qu'il en soit, M. O'Donnell et MM. les abbés Laverdière et Casgrain ne sauraient exiger avec raison que je les mette de côté pour ne m'occuper que de M. Cauchon. En prenant part à cette dernière lutte,—en me laissant attaquer dans le

Journal avec tant d'injustice et de violence,—ils sont devenus solidaires des écrits du Rédacteur du *Journal de Québec*. Aussi me garderai-je bien de les priver du droit qu'ils ont de paraître en toute lumière dans cette nouvelle brochure.

Je vais m'ôter par là,—mais sans regret,—l'avantage et le plaisir de défendre ma cause devant les lecteurs de la feuille où j'ai été vilipendé, ainsi que j'en ai été charitablement averti dans les lignes suivantes :

« Quand vous avez attaqué ces messieurs, »—dit M. Cauchon,—« vous n'avez pas demandé le secours de nos colonnes, vous avez choisi la brochure, eh bien ! continuez la brochure. »

C'est tout à fait logique !

M. Cauchon a la bonhomie d'ajouter, il est vrai, que si je tiens à lui répondre *personnellement,* (le mot est joli !) les colonnes du *Journal* me sont offertes.

Ni plus ni moins ! Dans une discussion *historique,* où je n'ai affaire qu'à MM. les abbés Laverdière et Casgrain, M. Cauchon vient offrir ses services, demande une lutte *personnelle,* s'empare des armes que mes adversaires ont laissées sur le champ de bataille, en se déclarant vaincus, et il crie à ses protégés : « Messieurs, je vais prendre votre cause en main, et je saurai bien la défendre avec plus d'habileté que vous ne le feriez vous-mêmes ! »

C'est très-poli !

Que M. le Rédacteur du *Journal de Québec* veuille bien déployer à mon égard la moitié de la *politesse* qu'il a montrée envers MM. les abbés Laverdière et Casgrain, et je lui permettrai de reproduire intégralement, dans les colonnes de sa feuille, la partie de ma brochure où il est question de l'intéressante individualité de M. Cauchon !

Est-ce assez de générosité ?

LE TOMBEAU DE CHAMPLAIN

I

M. CAUCHON.

Les châteaux de verre sont trop fragiles
pour provoquer les représailles.

(*Journal de Québec* du 7 janvier 1867.)

C'est vous-même, M. Cauchon, qui avez écrit la phrase que
j'ai choisie pour épigraphe : permettez-moi de vous la faire
expier.

[Je dois tout d'abord avertir le lecteur que je l'entretien-
drai le moins longtemps possible de M. Cauchon, quoique
cette matière prête beaucoup aux développements. Je me con-
tenterai de relever quelques injures et de les numéroter,
afin de mettre dans la discussion plus d'ordre, de clarté et de
précision.]

1º *Je suis descendu dans la boue des ruisseaux pour y ramasser
des arguments et en éclabousser mes adversaires, etc.*

*J'ai traité mes adversaires de menteurs, d'acheteurs de con-
sciences, d'imposteurs, etc.*

M. Cauchon possède une foule de phrases toutes faites
comme celles-là, qu'il jette habituellement à la face de ceux
avec qui il discute. Vingt fois et plus peut-être, j'ai lu dans
son journal celle où il est question de la *boue des ruisseaux,*

et le hasard veut que la plupart des grands hommes du Canada en aient été arrosés tout comme moi, humble mortel !

Caractère, talent, position sociale, rien ne compte aux yeux de M. Cauchon, quand ses passions sont allumées. Aujourd'hui il insulte un Papineau, un Viger, un Morin, un Taschereau, un Chauveau, un Caron, un Cartier, un Parent, un Taché, un Duchesnay, un Jacques Crémazie : demain ce sera toute autre personne honorable, pourvu qu'elle semble l'éclipser par sa position, ses talents, ses mérites, sa renommée, ses vertus. Un grand citoyen, un vrai patriote (l'hon. M. Neilson), le protége-t-il aujourd'hui ? Eh bien ! que cet homme vertueux vienne à mourir, et l'on verra, chose inouïe ! oui l'on verra M. Cauchon publier, le lendemain, dans son journal, contre son bienfaiteur, deux articles pleins d'injures. Au lieu d'aller s'agenouiller près du cercueil de son protecteur et de l'arroser de ses larmes et de ses prières, il préférera y déposer les ordures de son imagination et de son cœur. En vérité, je n'ai pas le droit de me plaindre : M. Cauchon a su me mettre en bonne compagnie. Je l'en remercie avec effusion de cœur.

Cependant, je ferai remarquer à M. Cauchon que s'il me connaît, comme il le dit,—ce qui me fait assurément beaucoup d'honneur !—il doit savoir que je n'ai pas l'habitude de salir mes adversaires en leur répondant. Entre nous, M. Cauchon, apprenez que je n'ai encore jamais dit d'un homme respectable ce que vous avez écrit ces jours derniers contre le Rédacteur du *Morning Chronicle*,—quelque raison, d'ailleurs, que vous puissiez avoir d'être fâché contre lui. Voici vos propres paroles, M. Cauchon : «Son langage est celui d'un *malotru*, d'un *mal appris* et d'un *mal élevé* qui *jette de la boue aux passants* pour prouver que s'il ne peut les injurier, il peut au moins les salir. »

N'avais-je pas raison de dire que la *boue des ruisseaux* est une expression toute faite, que vous retirez à tout propos et hors de propos de la petite boîte où vous l'enfermez ? En entendant parler si souvent de *boue*, on est porté à croire, malgré soi, que vous aimez à patauger dans ce milieu. Serait-ce le cas ?

Quant aux termes dont je me suis servi pour qualifier la conduite de mes adversaires, ils ne sont point inoffensifs, je l'avoue ; mais tout autre, à ma place, eût agi comme je l'ai fait, j'en ai la conviction. Quand vous défendez votre droit et qu'on vous refuse toute justice, il est naturel que vous ne disiez pas à votre adversaire : « Monsieur, j'ai l'honneur de vous prier de me pardonner ; mais je pense………je crois………je suis sous l'impression que vous êtes peut-être dans l'erreur. » La vérité doit être dite avec ménagement et politesse, sans doute ; mais elle cesse d'être vérité dès qu'elle porte du fard. Quand mes adversaires ont erré, je leur ai dit : *« MM. vous vous trompez ;* ou *vous êtes dans l'erreur ;* ou *vous commettez une inexactitude. »* Au lieu de cela, M. Cauchon m'accuse de les avoir traités de *menteurs, d'imposteurs,* etc. Ces grossières qualifications ne sont sorties que de votre plume, M. Cauchon, et soyez persuadé que jamais il ne m'arrivera d'en donner de semblables à un honnête adversaire. J'ai pour habitude constante, voyez-vous, d'être très-poli et très-respectueux envers les personnes qui méritent respect et courtoisie. Mais, quand je me trouve en face d'un adversaire comme vous, M. Cauchon, j'avoue que je suis obligé de faire un léger effort sur moi pour ne pas le traiter comme un *charretier.* Car n'oubliez pas, monsieur, que c'est le terme poli dont vous vous servez à mon égard. Vous avez cru faire preuve de beaucoup d'esprit en écrivant cette phrase : « M. Drapeau *sent* comme un homme de génie, et *ressent* comme un charretier. » Savez-vous, M. Cauchon, que si je voulais descendre sur ce terrain, j'aurais le droit de dire que vous *sentez* comme…………M. Cauchon ?

2° *J'ai un souci tout particulier de ma gloire ;* et plus loin : *Ce n'est pas la gloire que veut M. Drapeau.*

Arrange qui pourra cette petite contradiction ; pour moi, je n'ai que ceci à dire :

Je cherche à me rendre utile à mon pays dans la faible mesure de mes forces ; je tâche de ne rien faire dont un homme d'honneur puisse rougir, et le reste m'occupe fort peu. Peut-être ai-je tort? mais il me semble que je ne voudrais guère de la gloire qu'ambitionne M. Cauchon, c'est-à-dire celle de pouvoir, au moyen d'une feuille publique, *calomnier tous les jours quelqu'un ou quelque chose :* ce qui est un besoin chez **M.** Cauchon, comme l'a dit le vénérable A. N. Morin.

3º *J'ai écrit ou fait écrire en mauvais français une brochure de 28 pages.*

Pour être vrai, monsieur, vous auriez dû dire que la brochure dont vous parlez a été écrite par celui qui l'a signée. Quant au *mauvais français*, il se peut que vous ayez raison. Je vous sais très-fort en grammaire et en littérature ! Si j'ai bonne mémoire, vous l'avez prouvé un jour en vous moquant du style de Bossuet, de Villemain et de toute l'Académie !

4º *J'ai fait des fricandos agronomiques.*

J'ai beaucoup écrit en faveur de la colonisation. J'ai publié, entre autres, des *Etudes* sur ce sujet, qui ont été accueillies avec faveur en Canada, en France et aux Etats-Unis. Je ne m'abuse point sur le mérite et la forme de mes ouvrages, croyez-le bien. Je n'ai pas eu le bonheur de faire un cours d'études classiques ; le peu que je sais, je le dois à un grand amour du travail et à la faible part d'intelligence qu'il a plu à Dieu de m'octroyer. Cependant, tels qu'ils sont, j'ai la prétention de croire que mes écrits n'ont pas été inutiles aux intérêts de la cause que j'ai voulu servir.

Ce que j'ai fait jusqu'ici n'est rien, sans doute, en comparaison de toutes les grandes choses qui ont l'honneur de vous compter pour père, M. Cauchon. Par exemple, je n'ai découvert ni le lac Ontario, ni la chute Niagara, et je n'ai jamais publié un *Traité de Physique* compilé de l'anglais. Jamais non plus il ne m'est arrivé d'écrire, sur le même sujet, deux brochures si opposées l'une à l'autre, que la seconde avait pour but de prouver que j'avais eu tort d'écrire la première : cet honneur vous était réservé, M. Cauchon.

5° Encenser autrui est chose très-facile ; se faire encenser par les autres n'est pas malaisé non plus. Mais pour s'encenser soi-même, il faut avoir le bras long et le front haut.

C'est une fort belle phrase, et je suis convaincu que vous pensiez à vous-même en l'écrivant, M. Cauchon. Est-il possible, en effet, de mieux vous peindre, en quelques lignes, que vous ne l'avez fait ici ? N'est-ce pas là votre propre portrait ? Qu'un Hamel, un Bourassa ou un Plamondon représente sur la toile un individu quelconque occupant la position indiquée plus haut, et il n'y a pas de doute que tout spectateur écrira au bas, sans hésiter : *Joseph Cauchon.*

Prouver que vous aimez à vous admirer, à vous vanter, à vous encenser, à vous glorifier, n'est pas nécessaire, M. Cauchon. Tous ceux qui vous lisent savent, en effet, que vous avez l'habitude de vous décerner, dans votre feuille, six brevets d'immortalité par semaine.

« Nous en avons tant vu de pourfendeurs de cette espèce, » dites-vous de tous vos adversaires,—« et nous en avons tant laissé sur le carreau, broyés et anéantis, que nous avons cessé, depuis longtemps, d'avoir peur. »

Quel excès d'humilité !

Est-il rien de moins orgueilleux, aussi, que votre article du 2 janvier, où vous annoncez à vos lecteurs que vous êtes vieux d'âge et d'expérience, mais tout à fait jeune d'esprit !

Permettez-moi donc, M. Cauchon, de vous dire que la nature a su vous douer d'un vaste toupet et d'un bras démesurément long !

> Hélas ! tous ces joûteurs, par Cauchon n'étant plus,
> Furent plus empestés qu'ils ne furent vaincus !

6° J'ai tué plusieurs feuilles périodiques.

Grave accusation ! surtout quand on songe à l'époque où ces publications ont paru, c'est-à-dire il y a une vingtaine d'années. Aujourd'hui que le goût de la lecture commence à se répandre parmi le peuple, à peine peut-on soutenir une ou deux publications purement littéraires dans tout le Bas-Canada, et vous me reprochez, M. Cauchon, de n'avoir pu maintenir les journaux que j'ai fondés !

Les *Soirées Canadiennes*, sur lesquelles on avait placé tant de légitimes espérances, ne paraissent plus qu'à des époques indéterminées, et le *Foyer Canadien*, dont l'existence semblait assurée, est à la veille de s'éteindre : peut-être même à l'heure où j'écris est-il déjà défunt.

On voit par là que l'accusation que vous portez contre moi, M. Cauchon, est de nature à me faire un tort considérable !

Il est vrai que quand vous contemplez la situation florissante du *Journal de Québec*, vous avez droit, en quelque sorte, de regarder toutes les feuilles politiques et littéraires du pays d'un certain œil de pitié! Tandis, en effet, qu'un grand nombre de celles-ci végètent, la vôtre s'enrichit immensément.

Mais n'oubliez pas, M. Cauchon, que ce succès est dû, presque en entier, à vos tristes et nombreuses palinodies, et qu'il n'est point de nature, dans tous les cas, à faire beaucoup d'envieux parmi les honnêtes gens.

Ce qui a fait votre fortune de journaliste, M. Cauchon, le voici :

Vous attaquez sans cesse et ne permettez pas la réplique dans les colonnes de votre feuille ; si quelqu'un a le malheur de vous nommer sans vous louer, aussitôt il devient votre ennemi, et vous mettez tout en œuvre pour l'exterminer. Vous ne prouvez rien ; vous répondez *noir* quand on vous a dit *blanc*, et vous soutenez en face qu'on vous a dit *noir ;* vous supprimez ce qu'on vous objecte de plus décisif, et vous jugez vous-même, sans appel ni cassation.

De cette manière, il vous arrive presque toujours d'avoir le dernier mot en toute circonstance et d'*écraser* votre adversaire, comme vous le dites avec tant d'humilité ; mais c'est avec vos pieds et vos mugissements que vous parvenez à ce sanglant résultat ; vous écrasez votre adversaire comme le bœuf en fureur écrase parfois le pâtre qu'il rencontre seul et désarmé.

7° *Je pèse sur la conscience publique.*

Je ne rapporte cette phrase que pour démontrer que la brutalité est le cachet habituel de votre polémique, M. Cauchon.

Si vous eussiez eu à parler d'un faussaire, d'un voleur, d'un assassin, etc., vous fussiez-vous servi d'un autre langage ? Quand une fois on a dit d'un homme *qu'il pèse sur la conscience publique*, il faut évidemment que cet homme soit un grand misérable, un infâme criminel. Suis-je en réalité tout cela ?

8° *J'ai fait monter le rouge de la honte au front de M. Cauchon, et je l'ai rendu triste pour son pays.*

Et cela, parce j'ai contredit MM. les abbés Laverdière et Casgrain, sur quelques points d'histoire !

Ecoutez ceci avec attention, M. Cauchon : S'il m'était prouvé qu'à la lecture de ma première brochure votre charmant visage s'est en effet coloré du rouge de la honte, aussitôt je m'imposerais des pénitences telles, que la terre entière en serait étonnée ! Et je croirais n'avoir rien fait de trop ; car il y a tant d'années que vous n'avez rougi de ce rouge pudique qui annonce l'innocence du cœur, que vous avez dû, sans doute, souffrir horriblement.

Non-seulement je vous ai fait rougir, mais, — deux fois pécheur que je suis !—je vous ai encore rendu triste pour votre pays !

Jusqu'ici j'avais cru, comme tout le monde, que vous ne pleureriez sur votre pays que quand il cesserait de vous servir de champ d'exploitation, et que son ciel ne laisserait plus tomber de pluies d'or dans vos mains avides et dans les poches profondes de vos habits ; mais, hélas ! hélas ! encore une de mes illusions qui s'envole !

9° *Votre devoir de journaliste vous force à me vouer aux gémonies.*

Tel est le sens de la phrase qui, je crois, suit celle où je suis accusé *de peser sur la conscience publique.*

Je ne connais peut-être pas au juste tous les devoirs d'un rédacteur de journal ; mais je crois que dans l'ensemble de talents et de qualités qu'il faut pour former un véritable journaliste catholique, il entre certains ingrédients moraux dont vous êtes dépourvu, M. Cauchon.

Soutenir son poste avec désintéressement ; se montrer dur aux doctrines dangereuses et charitable envers les personnes ; viser à frapper plutôt des coups justes que de grands coups ; mettre de côté l'amour-propre et faire taire l'ambition ; s'élever au-dessus des antipathies personnelles et étouffer au besoin ses sympathies : telles sont quelques-unes des qualités que doit avoir un journaliste, comme l'a écrit le plus grand polémiste de ce siècle, Louis Veuillot.

En possédez-vous la dîme, M. Cauchon ?

Je suis loin de méconnaître l'influence que vous avez exercée sur le journalisme canadien ; mais est-elle bien de nature à honorer votre nom ? C'est vous qui avez mis en vogue cette façon de discuter l'œil enflammé, l'injure à la bouche et le couteau au poing, dont se servent encore un certain nombre de vos confrères. Ceux, du moins, qui ont quelque discussion avec le *Journal de Québec,* sont excusables d'employer les mêmes armes que vous, car c'est à peu près le seul moyen qu'ils aient de vous faire entendre raison.

Si le niveau de la discussion publique ne devait pas s'élever au-dessus de celui de votre polémique habituelle, M. Cauchon, il se pourrait que la postérité ne couronnât pas votre nom de la brillante auréole de gloire que vous ambitionnez.

Vous avez eu l'extrême délicatesse, M. Cauchon, de composer vous-même l'épitaphe que la patrie reconnaissante devra graver sur ma tombe. Je serais désolé, monsieur, de demeurer en reste de civilité avec vous. Usant de la même liberté que celle que vous avez prise à mon égard, permettez-moi donc de vous faire lire une partie de l'inscription que vos amis reconnaissants graveront en lettres d'or sur le monument qu'ils élèveront, sans doute, à votre mémoire :

CI-GIT

JOSEPH CAUCHON,

AUTEUR D'UN "TRAITÉ DE PHYSIQUE" COMPILÉ DE L'ANGLAIS ;
D'UNE BROCHURE CONTRE LA CONFÉDÉRATION,
ET
D'UNE AUTRE FAVORABLE À CE PROJET.
IL EUT L'HONNEUR D'ENTRER AU CONSEIL EXÉCUTIF DU CANADA, ET LE
DÉPLAISIR D'EN SORTIR PROMPTEMENT.
IL RÉDIGEA, DURANT UN QUART DE SIÈCLE, UNE FEUILLE POLITIQUE
DANS LAQUELLE IL VILIPENDA LES PLUS
GRANDS HOMMES DE SON PAYS.
ENFIN IL MÉRITA DE SON VIVANT LE JUSTE SURNOM
D'INSULTEUR PUBLIC !

Requiescat in pace !

Ou je me trompe fort, ou le passant qui lira ces lignes,—en visitant le champ des larmes,—hésitera avant de décider que ce fut un immense honneur d'avoir fourni une semblable carrière.

II

M. HUGH O'DONNELL.

Le *Journal de Québec*, en exonérant de tout blâme **M.** O'Donnell pour *les erreurs involontairement commises* par ce monsieur dans la lettre qu'il m'a adressée le 16 novembre dernier, ajoute ce qui suit, dans son numéro du 7 janvier courant :

« M. Drapeau n'ignore pas du tout par quels moyens il a obtenu cette lettre de M. O'Donnell, etc. »

Et quelques lignes plus bas :

« ......Il a recours à un tour de passe-passe qui est vieux comme les chemins et que, dans sa naïveté, il croit peut-être avoir inventé. Ce tour consiste à *démolir d'avance* M. O'Donnell, afin d'empêcher le public d'avoir désormais confiance en lui. »

Pardonnez, M. Cauchon, je ne saurais être *l'inventeur du système* dont vous parlez ; la gloire en revient à vous seul, avec tous les perfectionnements et toutes les additions que vous y avez apportés depuis 1842 jusqu'au 10 janvier 1867 inclusivement !

Puis, le *Journal* continue :

« Mais tout cela n'empêchera pas la justice d'avoir son cours et nous livrons à la publicité les lettres suivantes de M. Hugh O'Donnell et de M. L. A. Cannon, qui rétablissent les faits dans toute leur vérité et jettent le plus grand jour sur toute cette affaire. »

Serait-ce possible ? Allons, empressons-nous de voir *ces flots de lumière* qui doivent *jeter le plus grand jour* sur toute l'affaire !

Mais, auparavant, notons, MM. du *Journal*, que le public lettré a compris, avant ce moment, sur quelle pente rapide glisse M. O'Donnell, et qu'il connaît combien ce monsieur sait se plier aux exigences de ses conseillers-inspirateurs, qui ne se gênent point de l'exploiter jusqu'au point de lui faire dénaturer les faits et de le porter à méconnaître les droits sacrés de la vérité.

En effet, telle est la position relative de mes *oppositionistes* vis-à-vis de moi, qu'il leur faut saisir tout ce qui s'offre à leur portée, ou qui peut adoucir momentanément les amertumes d'une situation fâcheuse, et ce, au risque même de participer à une solidarité qui doit leur répugner indubitablement.

M. O'Donnell s'exprime comme suit dans sa lettre publiée par le *Journal de Québec* du 7 janvier :

« En lisant les « Observations » de M. Stanislas Drapeau « sur la brochure de MM. les abbés Laverdière et Casgrain, relativement à la découverte du tombeau de Champlain, » j'ai eu peine à retenir mon indignation, en voyant avec quelle impudence cet homme a abusé de mon nom pour en imposer au public...

« Voici comment M. Drapeau a obtenu de moi la lettre dont il a si odieusement abusé :

« Le 16 novembre, M. Drapeau vint chez moi et me présenta des questions et des réponses préparées et écrites d'avance, me priant d'y apposer ma signature, et me laissant sous l'impression qu'il agissait de concert avec MM. les abbés Laverdière et Casgrain. Il me priait de me hâter, vu que cet écrit devait être envoyé par le courrier de quatre heures au *Montreal Herald*. Je refusai de répondre dans les termes suggérés……………………………… je lui accordai la lettre insérée dans ses «Observations.» Mais comme j'hésitais sur la date précise où M. Casgrain était venu chez moi, et que je voulais mettre le 8 ou le 9, M. Drapeau *insista à me faire mettre* le 6, disant que, comme il avait communiqué ce renseignement à M. Laverdière le 5, M. Casgrain *avait dû venir* le lendemain. Sans me douter du piége, j'écrivis «le 6 ou le 7.» Persuadé comme je l'étais alors, que M. Drapeau agissait de concert avec MM. les abbés Laverdière et Casgrain, je laissai à ces messieurs le soin de corriger cette date, si elle n'était pas correcte. »

Malgré ce langage coloré de candeur et capable d'exciter quelque sympathie, on ne tarde pas à y découvrir bientôt, toutefois, les ressources et l'esprit de mes actifs contradicteurs, cachés sous la plume de M. O'Donnell, et qui veulent à tout prix se refaire dans l'opinion publique. Heureusement que la raison possède le noble privilége de contrebalancer ou de détruire l'action *des forces destructives* de ce genre, et que les lecteurs sauront bien discerner le vrai du faux, la lumière des ténèbres qui enveloppent le pays de mystère où se débattent si convulsivement mes adversaires.

Je dirai d'abord à M. O'Donnell que je ne vois pas en quoi j'aie pu *abuser de son nom ou de sa lettre !*

Je lui adresse une lettre ; il répond à mes questions, voilà tout ; et ce, dans *sa propre langue !* avec *la connaissance positive* que sa lettre sera publiée dans les colonnes d'un journal, suivant qu'il en informe lui-même le public. Et c'est à la suite de cette connaissance qu'il ose aujourd'hui plaider ignorance sur la position que j'occupais alors vis-à-vis de MM. Laverdière et Casgrain ! Il pousse même la témérité jusqu'à dire qu'il croyait que j'agissais de concert avec ces messieurs !

Vraiment, il faut que M. O'Donnell soit, ou peu soucieux de son caractère, ou doué d'une pénétration d'esprit peu enviable !

M. O'Donnell dit avoir refusé de répondre dans les termes suggérés par moi. C'est possible. Mais alors, puisque vous avez *préféré réfléchir* et prendre tout le temps nécessaire pour *rédiger cette lettre que vous m'avez adressée*, sachant surtout que cette réponse devait être publiée, ne dites donc pas qu'elle vous a été escamotée, ainsi que le répètent après vous mes adversaires et le *Journal de Québec !* Vous le savez, c'est un mensonge !

Je ne comprends pas, non plus, comment il se fait que M. O'Donnell ait eu tant de peine «à retenir son indignation,» à propos de sa lettre publiée dans ma brochure du 20 décembre ! Il faut que « cette indignation » ait été indubitablement provoquée par d'autres causes. Je crois comprendre que c'est probablement quelque remords qui lui sera subitement survenu, à propos *des faits accomplis* entre lui et mes opposants, et où il s'est mis si en contradiction avec lui-même !

Quant à sa *Rectification* de la date positive de la première visite faite chez lui par M. Casgrain, cette affaire est rapportée d'une manière si excentrique par M. O'Donnell, que les lecteurs savent à quoi s'en tenir là-dessus, surtout après l'étonnant aveu qui suit :

« ......je voulais mettre le 8 ou le 9, M. Drapeau *insista à me faire mettre le* 6, etc.»

Ah ! c'est donc moi, encore une fois, qui vous ai escamoté cette date ?

Allons, tirons nos comptes ; car je ne veux point que vous demeuriez un seul instant de plus sous le poids humiliant de cette diffamation que vous vous infligez si impitoyablement et comme par votre propre mouvement. Pourquoi étaler ainsi une défaillance si compromettante pour tout homme d'honneur et de caractère ? Pourquoi vous flageller aussi docilement au simple regard de vos inspirateurs, qui, eux, vous laissent seul tirer les marrons du feu ?

Je vais donc raconter l'histoire de cette pitoyable manœuvre, et je défie qui que ce soit d'en pouvoir contester l'exactitude.

M. O'Donnell, après réflexion et calcul, était tout disposé à mettre la date du 5 novembre, comme étant le jour où M. Casgrain alla à son bureau, pour la première fois, lorsque je lui répliquai que cela se pouvait, mais que j'avais raison de croire que ce devait être plutôt le 6 novembre, c'est-à-dire le lendemain du jour où j'avais communiqué mes renseignements à M. Laverdière. Là-dessus, il s'informa à haute voix à une personne de sa famille, qui se trouvait dans une chambre adjacente, et cette personne lui rappela, aussi à haute voix, les jours et les dates des *deux visites faites par MM. Laverdière et Casgrain, à son domicile*, en désignant le vendredi et le samedi, 9 et 10 novembre. A ce renseignement, M. O'Donnell se mit à interroger de nouveau sa mémoire, et décida *que la première visite de M. Casgrain, à son bureau, avait eu lieu le 6 ou le 7 novembre*. Et c'est ce qu'il écrivit dans sa lettre du 16 novembre, qu'il me livra.

Je laisse maintenant au public le soin de juger quel degré de confiance il doit accorder à cette déclaration de M. O'Donnell, du 7 janvier courant, déclaration si en contradiction avec sa lettre du 16 novembre dernier. On dirait que ce monsieur veut absolument se perdre, tant il en recherche les moyens.

Quant à M. L. A. Cannon, qui a la *prodigieuse mémoire* de se *bien rappeler*, à la date du 7 janvier 1867, que *c'est certainement le 9 novembre dernier*, et ce *jour-là même*, qu'il a informé M. l'abbé Casgrain, etc., je le laisse en présence de sa responsabilité, et surtout en face de *cette fameuse date du 9 novembre*, qui doit crouler devant l'opinion publique pour la deuxième fois !

Il n'est pas inutile pour M. Cannon, toutefois, d'avoir à réfléchir sur les embarras que cause parfois un zèle trop empressé, même quand il doit avoir pour effet le motif louable de retirer d'une situation péniblement regrettable trois personnes aussi cruellement compromises.

Dans sa lettre du 7 janvier, M. O'Donnell ajoute encore ce qui suit, à mon adresse :

« On ne doit pas être surpris que M. Drapeau ait cherché dès lors à surprendre ma bonne foi, lorsqu'on sait que, quelques jours après (le 21 novembre), il faisait une déclaration dans le *Chronicle* et le *Canadien*, en joignant mon nom au sien, malgré la défense formelle que je lui en avais faite, et qu'il m'a fallu le contredire publiquement. »

Encore cette fois, je vais révéler quelque chose de très-édifiant, qui fera voir combien l'intérêt matériel l'emporte quelquefois sur des intérêts plus élevés.

Comme je m'étais aperçu,—suivant que je l'exprime dans ma brochure du 20 décembre,—que MM. les abbés Laverdière et Casgrain voulaient m'enlever tout mérite possible dans l'affaire de la découverte, je m'en allai voir M. O'Donnell, le lendemain du jour où il m'avait écrit sa lettre, c'est-à-dire le samedi, 17 novembre. Je lui fis part de mes soupçons, et je lui parlai de la nécessité qu'il y aurait de nous entendre sur les moyens à prendre pour obtenir la part de mérite que l'équité nous permettait de réclamer, puisqu'il était clair que c'étaient nos renseignements qui avaient fait opérer la découverte, et nullement l'étude des documents historiques que le pays possède. Je lui montrai alors quelques lignes qui devaient former notre réclamation devant le public. Après lecture, M. O'Donnell me dit qu'il croyait que c'était peut-être aller trop vite, parce qu'il avait confiance que justice nous serait accordée par MM. Laverdière et Casgrain. *Ces messieurs, ajouta-t-il, ne peuvent pas se soustraire à cette obligation, tant pour vous que pour moi ; car, sans vous, M. Drapeau, ces messieurs n'auraient pu arriver jusqu'à moi pour cette affaire ; d'où je crois que justice vous sera accordée. S'il en est autrement, quant à moi, je saurai placer toute l'affaire devant le public. Cependant, ajouta-t-il encore, laissez-moi votre manuscrit, que je vais faire traduire par quelqu'un de ma famille, et que nous publierons. Mais, avant que d'en venir là, je désire aller voir ces messieurs, et connaître d'eux la part qu'ils doivent me faire.*

Alors nous convînmes de nous rencontrer le lundi matin.

A peine avais-je échangé quelques paroles avec M. O'Donnell, le lundi suivant, que je fus parfaitement renseigné sur ses intentions, *qui étaient complètement changées*, relativement aux mesures à prendre, telles que projetées le samedi. Je dois repousser ici l'injurieuse accusation que porte contre moi M. O'Donnell, quand il dit m'avoir *formellement défendu de mêler son nom à l'affaire*. Il n'a jamais été question de cela.

Je réclamai alors mon manuscrit, afin de l'utiliser si je le jugeais à propos. En effet, je publiai sous ma signature, dans le *Canadien* du 21 novembre, une réclamation dans laquelle j'exprimais, entre autres choses, ce qui suit :

« Je regrette, M. le rédacteur, que vos informations, comme celles données aux autres feuilles françaises de cette ville, ne vous aient point permis de mentionner deux autres noms, celui de M. H. O'Donnell, ingénieur civil, et le mien, qui avions un égal droit d'y figurer, puisque c'est grâce à nos informations que ces messieurs ont pu faire cette grande découverte. »

Ce fut à la suite de cette publication inoffensive, où la justice m'inspirait de ne point séparer le nom de M. O'Donnell du mien, que ce monsieur vint réclamer, comme il le dit, dans le *Canadien* du 23 du même mois. Le ton de cette réclamation de M. O'Donnell fit ouvrir les yeux à tout le monde, et tous comprirent qu'il y avait là quelque mystère caché ! En effet, la suite a prouvé et démontré quel était le mobile puissant qui faisait alors mouvoir M. O'Donnell,—mobile que l'on peut connaître dans ma brochure du 20 décembre, page 13.

Moi, voyez-vous, je n'avais que *de la gloire à proposer* à M. O'Donnell, tandis que mes opposants, par leurs amis, avaient *de l'or à lui donner !* C'est là toute la différence !

Ces choses dites, je renvoie au *Journal de Québec* la bourde qu'il m'a lancée, en en changeant seulement l'adresse :

« Que pourraient valoir maintenant toutes les dénégations du *Journal* et de M. O'Donnell ? »

III

FAITS HISTORIQUES.

Malgré les outrages dont m'accable M. le Rédacteur du *Journal de Québec*, à propos de mes connaissances en histoire,—comme si le langage des halles devait être de quelque utilité dans une discussion de ce genre,—je vais essayer de relever les principales erreurs qu'il s'efforce de propager avec autant de passion que de méchanceté.

§ 1.—CHAPELLE DE 1615.

J'ai soutenu dans ma brochure du 20 décembre, pages 17 et 18, que la Chapelle de 1615 n'était pas la même que celle de *Champlain* proprement dite, puisque la première fut détruite en 1632 par les Anglais ; mais le *Journal de Québec* dit :

« Pour preuve, M. Drapeau nous cite un passage de M. l'abbé Faillon, qu'il a pris pour le texte d'un manuscrit des archives du Séminaire, où il n'est pas plus question de la Chapelle de la Basse-Ville que de M. Drapeau lui-même. »

Eh bien ! c'est ce que nous allons voir. Quoi qu'en disent M. Cauchon et ses amis, voici comment s'exprime M. l'abbé Faillon sur la Chapelle de 1615, avant de parler de celle de Notre-Dame de Recouvrance, dans son *Histoire de la Colonie Française* en Canada, vol. I. pp. 272 et 273 :

« Le premier objet de la sollicitude religieuse de Cham-
« plain [en 1633], fut de procurer aux colons un lieu de ré-
« union pour les exercices du culte public. Les Anglais, avant
« le retour des Français, avaient brûlé ou détruit la Chapelle
« desservie autrefois par les Récollets, qui avait servi d'église
« paroissiale ; &, en attendant qu'on pût en construire une
« nouvelle, on dressa un autel dans le Fort, où les colons se
« réunissaient les dimanches & fêtes, tant pour la célébration
« de la sainte messe que pour les autres exercices religieux.
« C'était là que les PP. Jésuites allaient leur administrer les

« sacrements (1), quoique, dans leur maison de Saint-Charles,
« ils eussent une petite chapelle, dédiée sous le titre de Notre-
« Dame des Anges (2), où plusieurs allaient faire leurs dévo-
« tions (3). Champlain, quelques jours après son arrivée, s'y
« rendit pour assister à la sainte messe, & pareillement le
« dernier jour de juillet................. pour gagner l'indulgence
« attachée à ce jour (4). Mais, avant la fin de cette année 1633,
« il exécuta un pieux dessein, qu'il méditait depuis longtemps,
« pour le bien spirituel de la colonie. Après la prise du pays
« par les Anglais, il avait fait vœu de bâtir à Québec une
« chapelle en l'honneur de Marie, si les Français rentraient
« en possession du Canada, & de la désigner pour cela sous le
« titre de *Notre-Dame de Recouvrance*. Voyant donc ses désirs
» heureusement accomplis, il fit construire près du Fort, aux
« frais de messieurs de la Compagnie de la Nouvelle-France,
« la chapelle dont nous parlons..
« Enfin la maison des PP. Jésuites étant à une demi-lieue de
« Québec, ces Religieux établirent une résidence près de la
« Chapelle de Notre-Dame de Recouvrance, tant pour desservir
« plus commodément la Chapelle, que pour ne pas obliger les
« colons d'aller les trouver si loin. »

Eh bien ! en face de pareilles preuves authentiques, offertes
par M. l'abbé Faillon pour appuyer son raisonnement, mes
adversaires auront-ils le triste courage d'accuser ce vénérable auteur d'avoir falsifié l'histoire en donnant de faux
textes ou de fausses autorités ?

Sur quoi s'appuie le *Journal de Québec*, ou ceux qui écrivent
dans ses colonnes, pour dire que ce manuscrit de 1645 des
archives du Séminaire de Québec, cité par M. l'abbé Faillon,
ne renferme pas un seul mot, pas un seul, qui ait le moindre
rapport avec ce que je soutiens ? et qu'il n'est pas plus question dans ce manuscrit de la chapelle de la basse-ville que de
ma personne ? Avez-vous consulté ce document pour parler
ainsi ? Si tel est le cas, où est-il allé depuis que vous vous en
êtes servi ?

Désireux de m'éclairer sur la question contestée, et surtout

---

(1) Arch. du Sémin. de Québec, manus. de 1645, vol. *Affaires et difficultés
avant* 1720.
(2) Relation de 1635, p. 3.
(3) Relation de 1633, p. 26, 31.
(4) Relation de 1633, p. 37.

de venger l'outrage fait au caractère du savant abbé Faillon, j'ai cherché dans les archives du Séminaire, avec la bienveillante permission de M. le Supérieur, le manuscrit en question ; mais il ne s'est point trouvé dans le cahier portant au dos l'inscription : « *Affaires et difficultés avant* 1720, » tel que cité par M. l'abbé Faillon.

En attendant que je reçoive de France copie du passage de ce manuscrit, qui a servi d'autorité à M. l'abbé Faillon, relativement à la Chapelle de 1615, je vais continuer à produire d'autres preuves à l'appui de la thèse que je soutiens, touchant la destruction de cette Chapelle. C'est la Relation de 1636, p. 43, qui va nous renseigner, quand elle dit :

« Les premiers sacrifices de la messe, que nous présentâmes en ces contrées, furent offertes dans un méchant petit taudis, qui maintenant nous ferait honte ; nous nous servîmes par après d'une chambre ; puis on fit bâtir une Chapelle : on a tâché de la changer en Eglise, l'augmentant de moitié ou environ, etc. "

Ne reconnaît-on pas dans ce *méchant petit taudis* dont-il est ici question, la Chapelle de 1615, détruite depuis 1632 ? Puis, cette chambre, dont ils se servirent dans la suite, n'est-elle pas celle où l'on dressa un Autel dans le Fort Saint-Louis, en attendant la construction d'une Chapelle ? Et la Chapelle construite en dernier lieu n'est-elle pas celle de *Notre-Dame de Recouvrance*, bâtie vers la fin de l'année 1633, et qu'on changea plus tard en Eglise, en l'augmentant de moitié, suivant que nous en informe cette même Relation de 1636 ?

Il faut être aveuglé par un entêtement coupable pour oser ainsi ne pas se rendre à l'évidence.

Un autre fait historique bien propre à faire voir que la Chapelle de 1615 n'existe plus, c'est lorsqu'à la mort du sieur de Champlain, qui arriva le 25 décembre 1635, on voit ce pieux et fervent chrétien léguer, avant de mourir, à la Chapelle de Notre-Dame de Recouvrance « tout le mobilier qu'il avait à Québec, ainsi que 3,000 livres placées dans les fonds de la Compagnie générale de la Nouvelle-France, dont il faisait lui-même partie; en outre 900 livres placées dans une Compagnie particulière; et enfin 400 livres, etc., etc. » (1)

Pourquoi M. de Champlain ne lègue-t-il rien à la Chapelle de Québec de 1615 ? à cette chapelle que mes contradicteurs continuent d'appeler *Chapelle de Champlain !* et qu'ils affirment, mais sans preuve, n'avoir pas été détruite ?

C'est qu'elle n'existait plus, indubitablement; et qu'alors l'affection de ce fervent gouverneur ne se porta que sur la Chapelle de la *Recouvrance*, qui était la deuxième construite par ses soins dans la Nouvelle-France.

Je crois avoir prouvé suffisamment, tant dans ma brochure du 20 décembre que dans celle-ci, que la Chapelle de 1615 fut détruite en 1632, et qu'elle n'était pas encore reconstruite lors de la mort du sieur de Champlain.

J'ai également prouvé, par l'acte même de sépulture de M. Gand, qu'à cette époque (en mai 1641), cette *Chapelle de Québec* de 1615 était alors reconstruite, puisque M. Gand mourut dans une chambre placée sous la sacristie et Chapelle de Québec !

Les *polémistes historiques* du *Journal* croient avoir fait une rare découverte lorsqu'ils citent, de la Relation de 1633, p. 3, le fait de la messe dite à l'habitation des Français, le 24 octobre 1632 ! Dans leur jubilation ils s'écrient : « Où donc le P. Lejeune a-t-il dit cette messe, si ce n'est dans la Chapelle ? » etc.

Sur quoi vous appuyez-vous, MM. du *Journal*, pour dire que cette messe a dû être célébrée dans la chapelle ? puisque la Relation que vous citez n'en parle aucunement ! C'est donc, encore là, une imagination de votre crû.

Quant au fait de la célébration *isolée* d'une messe à la Basse-Ville, le 24 octobre, alors même que l'*Habitation* n'était pas encore relevée de ses ruines, il n'y a rien là, cependant, qui soit miraculeux ! Les Français, arrivés dès les premiers

---

(1) Voir *Histoire* de M. l'abbé Faillon, t. I, p. 286; *Arrêts de Bardets*, t. II in-fol., p. 350; *Arch. du Séminaire de Québec*, manus. de 1645 : autorités citées par M. Faillon, p. 287.—*Vie de Marie Hélène Boullé*, citée par M. l'abbé Ferland, t. I, p. 273, etc., etc.

jours du mois de juillet 1632, n'ont pas dû se croiser les bras, mais plutôt relever ou construire des demeures près des magasins ou autres dépendances de l'*Habitation.* D'ailleurs, pourquoi, puisque les Français étaient rentrés dans Québec depuis plus de trois mois et demi, le P. Lejeune n'aurait-il pas pu dire une messe dans une maison de la Basse-Ville, le 24 octobre, comme il en célébra une chez Madame Hébert, à la Haute-Ville, le 5 juillet, lors de son arrivée, quand il trouva tout en ruines dans l'ancienne *Habitation*?

§ 2.—CHAPELLE DE CHAMPLAIN.

A propos de la *Chapelle de Champlain*, que je fais surgir après la mort de ce regretté gouverneur, pour les raisons et autorités que j'ai citées en divers endroits de ma brochure du 20 décembre, MM. du *Journal* réclament comme suit :

« Si M. Drapeau n'a pas eu la gloire de participer à la découverte du tombeau de Champlain, il peut se vanter au moins d'en avoir fait une qui a son mérite aussi, c'est l'invention d'une Chapelle dont personne n'avait encore soupçonné l'existence ! Et ce qu'il y a de beau, ce qui prouve la puissance de son esprit, c'est qu'il y est arrivé uniquement par des *suppositions.* »

Comme le *Journal* aime à outrager la vérité !

Plus loin, le *Journal* ajoute :

« Il est seulement regrettable pour M. Drapeau, que les Relations n'en parlent pas, et le laissent ainsi dans la seule compagnie de ses hypothèses « *mortuaires.* »

C'est bien trouvé, cela ! Comme si les *Relations des Jésuites* devaient renfermer tous les incidents et faits de ce temps !

Pourquoi les Relations ne constatent-elles que huit ans après la mort du sieur de Champlain *le fait si important* d'un « sépulcre particulier » *érigé exprès* pour honorer sa mémoire ? fait que nous eussions sans doute toujours ignoré, n'eussent été les dispositions généreuses de M. de Montmagny à récompenser, après la mort du P. Raymbault, les vertus sacerdotales du regretté défunt, en ordonnant qu'il fût inhumé *près du corps* de M. de Champlain ! Et ce n'est qu'en cette circonstance que les *Relations* (celle de 1643) ont pu nous renseigner là-dessus. Sans cette mort de M. Raymbault, il est à croire que jamais nous eussions entendu parler de cette tombe, ni de sa découverte au XIXe siècle !

Pourquoi les Relations renseignent-elles si peu, en certains cas, sur la valeur et le mérite des services réels rendus par les Communautés Religieuses dans la colonie ? Ecoutez en quels termes la Mère Marie de l'Incarnation s'exprime au sujet de cette lacune : « Lorsqu'on envoie les exemplaires (les rapports manuscrits) d'ici, l'on en retranche en France beaucoup de choses......» (1) On constate aussi que, lorsque M. Cramoisy, libraire de Paris et imprimeur, recevait ces écrits des RR. PP. Jésuites, il en retranchait souvent les plus belles pages. (Voir *Histoire des Ursulines*, t. I, p. 145.)

Je vais faire voir, encore une fois, l'insigne mauvaise foi de mes antagonistes, lorsqu'ils m'accusent *d'altérer* avec intention l'acte de sépulture de M. Gand, pour en faire mon profit. Le *Journal* écrit :

« Il est si difficile aussi de comprendre un acte de sépulture *sans l'altérer !* Aussi M. Drapeau, par ce *goût* décidé et cette aptitude *d'état* qu'on lui connaît, a-t il cru devoir retrancher quatre ou cinq mots de cet acte, cité au complet par ceux qu'il appelle ses adversaires, et en mettre la fin en italique, pour mieux l'interprêter !» (Les italiques appartiennent au *Journal.*)

Je ne crois mieux faire, pour punir le *Journal,* que de reproduire ici cet Acte, tel que je l'ai inséré dans ma brochure du 20 décembre, page 25, en regard avec le texte publié par MM. Laverdière et Casgrain, dans leur brochure du 6 décembre, page 6, afin que le public sache, une fois de plus, jusqu'où mes adversaires poussent la violence des attaques, pour anéantir et briser la position que j'occupe dans cette discussion. Vraiment, il faut avoir à soutenir une bien mau-

---

(1) *Histoire du Monastère des Ursulines,* vol I, p. 144.

vaise cause pour se laisser ainsi entraîner à user de tels moyens. Voyons plutôt :

<table>
<tr><td>BROCHURE DE MM. LAVERDIÈRE
ET CASGRAIN.</td><td>BROCHURE DE M. DRAPEAU.</td></tr>
<tr><td>" Le 20 de May le lendemain de la Pentecoste 1641 mourut François De Ré dit Mr. Gand Commissaire Général au magasin de Kébec, & ce en la chambre, qui est soubs la Sacristie, et chapelle dudit Kébec, où il avait passé l'hiver. Le mesme jour on chanta les vespres des trespassés pour luy, & le lendemain 21 du même mois après l'office des morts & la messe chantée solennellement il fut enterré en la chapelle de Mr. de Champlain. "</td><td>" Le 20 Mai 1641 mourut François de Ré dit M. Gand................. .... & ce en la chambre, qui est soubs la sacristie et chapelle du dit Kébec, où il avait passé l'hiver. Le même jour ou chanta les vêpres des très-passés pour lui, et le lendemain 21 du même mois après l'office des morts et la messe chantée solennellement il fut enterré en la Chapelle de M. de Champlain."</td></tr>
</table>

Où est l'altération ? Évidemment il n'y en a aucune, ainsi que peut s'en convaincre le lecteur en comparant ces deux versions.

§ 3.—OSSEMENTS DU FRÈRE PACIFIQUE DUPLESSIS.

J'ai prouvé à mes antagonistes, dans ma brochure du 20 décembre, page 24, (m'appuyant sur l'*Histoire* du P. Leclercq, vol. I. p. 375.), qu'ils ne sauraient trouver, en quelque endroit que ce soit de la Basse-Ville,—contrairement à ce qu'ils prétendent et soutiennent,—les ossements du frère Pacifique Duplessis ; mais le savant archéologue du *Journal de Québec* riposte comme suit :

« Que voulez-vous, en effet, faire avec un *archéologue* qui vous prend M. l'abbé Faillon pour un contemporain du P. Lejeune (*sic*)................... et qui cite le P. Leclercq sans être capable de l'interpréter ou de corriger au besoin ses erreurs, s'il s'en trouve, au moyen d'une critique sage et éclairé ? »

Est-ce vrai ? C'est curieux de voir comme la vérité est toujours offensée chaque fois qu'elle passe sous la plume *toute juvénile* du Rédacteur du *Journal de Québec !*

Sans plus tarder, j'invite donc cet habile critique, si *sage* et si *éclairé*, et surtout si « capable d'interpréter et corriger au besoin les erreurs du P. Leclercq » de vouloir bien *corriger* cet historien quand il affirme dans son *Histoire* que les ossements du Sieur Hébert, premier colon-défricheur de Québec, décédé en 1627, *reposent avec ceux du frère Pacifique Duplessis, dans les caveaux de la chapelle de l'église Notre-Dame des Anges !*

Ne jugez-vous pas, M. Cauchon, que cette affirmation du P. Leclercq mérite punition ? Avisez, et *corrigez* surtout !

IV

MM. LAVERDIÈRE ET CASGRAIN.

Avant d'aborder un sujet aussi délicat que celui-ci, je sens le besoin de déclarer combien il me répugne d'avoir à consigner de nouveaux griefs contre MM. les abbés Laverdière et Casgrain, et surtout d'être entraîné, par le *Journal de Québec*, à revenir sur une accusation que je n'ai formulée qu'avec ménagement. Si j'y suis forcé, c'est donc dû uniquement aux provocations inconsidérées du *Journal*, qui, dans sa manie de calomnier, oublie qu'il compromet au plus haut point ceux qu'il s'est chargé de protéger et de défendre, en les exposant sans jugement aux atteintes d'une juste polémique, par des sorties comme celle-ci :

« M. Drapeau nous dit : « Je pourrais même, si je le voulais, *prouver que tout le journal à été écrit après coup.* » Ah ! quand on porte une assertion aussi grave ; quand on dit en autant de mots, à deux prêtres, dont le caractère est resté jusqu'ici sans tache et dont l'honorabilité n'a jamais été mise en question : ce récit que vous affirmez avoir été écrit, jour par jour, en faisant vos recherches, est un long mensonge, une ignoble duperie, une hideuse imposture,—on perd le droit de se contenter de déclarer que l'on *prouverait* si l'on *voulait*. Il était de votre honneur et de votre devoir de prouver de suite. En vous contentant d'insinuer lâchement, vous avez manqué à l'un et à l'autre. »

Eh bien ! puisque vous le réclamez avec tant de chaleur, je vais prouver l'exactitude de ce que j'ai avancé. Mais, pour ne pas mêler inutilement dans la discussion le nom d'une personne complètement étrangère à cette polémique, je m'engage à donner privément à M. Cauchon, s'il le désire, le nom de celui de qui je tiens *la preuve du fait* que je soutiens.

Je déclare donc fondée l'accusation que j'ai formulée dans ma brochure du 20 décembre, page 22, et pour preuve de cette affirmation, je produis le renseignement suivant, qui me fut donné en ces termes, le 15 décembre dernier.

« Etant à converser avec M. Laverdière, hier, sur la découverte du tombeau de Champlain, ce monsieur m'a dit, sans mystère, *que M. Casgrain et lui n'avaient écrit le journal de leurs opérations qu'après la découverte du tombeau !* »

L'exactitude de ce fait, tel que rapporté, peut être certifiée par des personnes alors présentes à l'entrevue, s'il y a nécessité.

Ajoutons que si M. le Rédacteur du *Journal de Québec* professe pour *la robe du prêtre le respect dont il parle*, il devrait savoir qu'on ne la défend ni bien ni habilement en versant des flots de boue. Puis, lorsque ni *la robe* ni *le prêtre* ne sont en cause, comme dans la discussion actuelle, des allures d'aussi bas étage que celles du *Journal*, affligent tout cœur honnête et chrétien. C'est un malheur, vraiment, que cet homme ne puisse traiter aucune chose sans la flétrir !

Le Rédacteur du *Journal* commet encore une erreur considérable de jugement, quand il écrit ce qui suit :

« Nous avons appris qu'après les outrages personnels qu'il a prodigués sans provocation à l'un des directeurs du Séminaire et membre du conseil de l'Université, il continue à fréquenter les salles de la bibliothèque de cette dernière institution. La notion la plus élémentaire des convenances devait pourtant lui faire comprendre ce que probablement l'on s'est abstenu de lui dire par un sentiment de délicatesse bien facile à deviner. »

Malgré les charmes et les attraits qu'il y aurait à prendre de M. Cauchon des leçons de « politesse et de convenance, » je n'ai pas songé un seul instant, je l'avoue, à aller puiser chez lui les éléments de cette science ! Au contraire, dès le début de ma discussion avec M. Laverdière, je me suis fait un devoir de me rendre chez M. le Supérieur du Séminaire de Québec, qui est en même temps Recteur de l'Université. En réponse à mes observations, M. le Supérieur jugea à propos de me dire que ma discussion avec M. Laverdière ne regardait point le Séminaire, et que cette lutte ne devait en aucune manière interrompre mes rapports avec l'Université et la Bibliothèque. « Vous pouvez continuer vos travaux dans l'Université, ajouta-t-il, et tous les ouvrages dont vous aurez besoin vous seront fournis. " Après d'autres paroles de la plus haute bienveillance, je me retirai et continuai mes travaux comme précédemment.

Que le *Journal de Québec* rengaîne maintenant ses avis couleur de rose, et laisse à chacun le soin de se gouverner à sa guise. Ça vaudra beaucoup mieux.

Avant de me séparer de mes adversaires, anciens et nouveaux, j'ajouterai que si la découverte du tombeau de Champlain doit tourner à la gloire du pays, de son côté le rôle que jouent mes opposants est loin de leur être profitable. Ce n'est pas dans ces pages rapides que je puis entrer dans de longues démonstrations ; mais qu'il me suffise de dire que jamais on n'a vu employer d'aussi humiliants moyens pour étouffer la discussion et empêcher la défense de se produire au grand jour, et dans la presse et ailleurs, que dans la discussion actuelle. En voici quelques exemples :

1º Peu de temps après la découverte du tombeau de Champlain, mes oppositionnistes étant informés que je devais réclamer une part dans la découverte, firent circuler sur tous les tons, par leurs amis, qu'ils allaient combattre mes prétentions et les *rendre ridicules !* C'est ce qu'essaya d'accomplir, en effet, M. l'abbé Laverdière, dans le *Journal de Québec* du 22 et du 24 novembre dernier.

2º Après la publication de leur brochure, ces messieurs, se doutant que j'allais publier une réponse, remuèrent ciel et terre pour en empêcher la publication. Tous les moyens d'intimidation furent employés, et l'on alla même jusqu'aux menâces. En effet, M. l'abbé Casgrain se rendit chez l'éditeur supposé de ma brochure, pour lui dire que s'il y avait raison de sévir, M. Laverdière et lui étaient bien déterminés à traduire l'éditeur et l'auteur devant les tribunaux judiciaires ! Rien que cela !

Ces menaces, et bien d'autres encore que je veux taire, eurent pour effet de me susciter de nombreux embarras et de retarder de quelques jours la publication de ma réponse. Enfin je dus, pour aplanir certaines autres difficultés nouvelles, renoncer au droit que j'avais d'en exiger la publication, pour aller la porter dans un autre établissement d'imprimerie !

Toutefois, ma brochure parut, et le public sait maintenant pour quels motifs mes adversaires ont tant fait d'efforts pour en empêcher la publication !

3º Mes opposants se voyant impuissants à empêcher cette publication d'arriver au public, firent surgir d'autres entraves. Des officieux allèrent chez les libraires chargés de vendre ma brochure, et leur représentèrent combien ils allaient causer de dommage à leurs établissements en se chargeant de la vente de cette brochure. On ne manqua pas de débiter à ce propos beaucoup d'ineffabilités *incommensurables*, comme dirait le *Journal de Québec*.

Mais c'est assez ; tirons le voile sur cette triste page, qui raconte de si déloyales manœuvres !

V

CONCLUSION.

Je crois avoir prouvé surabondamment, dans mes deux brochures, que la découverte du tombeau de Champlain n'est pas due à l'étude des documents historiques du pays, mais bien aux renseignements que MM. Laverdière et Casgrain ont reçus de moi et de M. O'Donnell, touchant la tombe de l'escalier-Champlain.

S'il en était autrement, pourquoi nos divers historiens, qui ont tant étudié l'histoire détaillée du pays, ainsi que les nombreuses personnes instruites répandues sur toute la surface du pays, n'auraient-ils pu faire cette découverte dans leur cabinet, comme MM. Laverdière et Casgrain, par la seule étude des textes, par la seule pénétration de l'esprit?

Une autre raison. Pourquoi ces messieurs auraient-ils attendu juste l'époque où je leur ai communiqué les renseignements que le public connaît, pour faire cette importante découverte? eux qui étudient depuis si longtemps *Champlain*, *Sagard*, *Relations* et *Journal des Jésuites*, *Registres* et *Archives* de Québec, etc., etc.? Leur fallait-il donc absolument attendre mon information du 5 novembre pour opérer cette découverte le 10?

Quant à la discussion des *Faits historiques*, que le *Journal* attaque sans offrir de preuves du contraire, j'ai lieu de croire également que les nombreuses autorités que j'ai citées à l'appui de mon raisonnement, ont porté la conviction dans l'esprit de mes antagonistes.

Dans tous les cas, cette polémique aura pour effet d'engager les hommes qui s'occupent d'histoire à bien considérer les faits débattus avant d'offrir au pays le fruit de leurs *méditations*. Quant au genre bouffon inauguré par le *Journal de Québec* dans cette polémique, il est à croire qu'il ne se reproduira pas de sitôt, et qu'on y songera à deux fois avant de s'en servir.

STANISLAS DRAPEAU.

Québec, 25 janvier 1867.

NOTE.

Afin de mieux fixer l'attention des personnes studieuses sur l'ensemble de quelques-uns des *faits historiques* dont il a été question dans mes deux brochures, je vais les mettre en un tableau synoptique, qui ne sera pas sans utilité.

1615.—Arrivée à Québec des Récollets, premiers missionnaires de la Nouvelle-France.—Construction de la première Chapelle, au pied de la montagne, par les soins du P. Dolbeau et de M. de Champlain. On l'appelait " *Chapelle de Québec*," et elle a servi d'église paroissiale jusqu'à la prise de Québec par les Anglais, en 1629.

1619.—Mort du Frère Pacifique Duplessis, le 23 août 1619. Il fut enterré dans la *Chapelle de Québec*, avec les cérémonies de l'Eglise. Son corps fut transporté à Notre-Dame-des-Anges quelques années plus tard, et ses ossements reposent en ce lieu depuis plus de deux siècles, à côté de ceux d'Hébert, premier défricheur de la colonie, qui mourut le 24 janvier 1627, et qui fut enterré à ce Couvent des Récollets, aujourd'hui l'Hôpital-Général.

1625.—Arrivée des Jésuites en Canada.

1629.—Prise de Québec par les Anglais.—Les Français, y compris les Missionnaires, repassent en France avec M. de Champlain, moins la famille Hébert.

1632.—Le Canada est rendu à la France, en vertu du traité de Saint-Germain-en-Laye. — La *Chapelle de Québec* de 1615 fut détruite, ainsi que l'*Habitation*, par les Anglais, quelque temps avant l'arrivée des Français. En attendant la construction d'une autre Chapelle, les Jésuites, qui étaient revenus seuls dans la colonie, dressèrent un autel dans le Fort Saint-Louis, où les colons se rendaient aux offices divins.

1633.—M. de Champlain, n'ayant pu s'embarquer pour le Canada l'année précédente, arrive à Québec en 1633, et fait construire vers la fin de l'année la Chapelle de *Notre-Dame-de-Recouvrance*, près du Fort Saint-Louis, sur la montagne.

1635.—Après une maladie de deux mois et demi, M. de Champlain meurt le 25 décembre 1635.

1636.—M. de Montmagny, 2e gouverneur, arrive à Québec le 11 juin 1636. J'attribue aux soins vigilants de ce gouverneur la construction de la *Chapelle de Champlain* proprement dite, laquelle existait en 1641, puisque M. Gand y fut enterré.

1640.—Incendie de la Chapelle de *Notre-Dame-de-Recouvrance*, le 15 juin 1640.

1641.—M. Gand, principal employé des magasins de la Compagnie, meurt le 20 mai 1641, dans une chambre située sous la sacristie de la *Chapelle de Québec*. On voit, par ce fait, que la Chapelle de 1615, incendiée en 1632, reparaît en 1641; d'où je conclus qu'elle a été relevée par les soins de M. de Montmagny, probablement après l'incendie de la Chapelle de *Notre-Dame-de-Recouvrance*.

1642.—Mort du Père Raymbault, Jésuite, qui fut enterré dans la *Chapelle de Champlain*, près du corps de feu M. de Champlain. La Relation de 1643, en notant cet incident, nous apprend que M. de Champlain fut enterré, en 1635, dans un " sépulcre particulier" ; mais elle ne parle point d'une chapelle, ce qui porte à croire qu'elle n'existait point alors.